Günter M. Pruss
Pfeffer & Salz

Günter M. Pruss

Pfeffer & Salz

Gedichtband

Meinen Eltern gewidmet

Actum Verlag

Günter M. Pruss: Pfeffer & Salz – Gedichtband

ISBN 978-3-00-021447-9

© 2007 by Actum Verlag, 25524 Oelixdorf
Die Verwertung der Texte und Bilder, auch auszugsweise, ist ohne Zustimmung des Verlags urheberrechtswidrig und strafbar. Dies gilt für Vervielfältigungen, Übersetzungen, Mikroverfilmung und für die Verarbeitung mit elektronischen Systemen.

Technische Mitarbeit: Alexandra Eggerstedt

Printed in Germany

INHALT

Verehrt und Gutgesinnte 7
   Kultkollegen 8

Melange 9
   Alexandra! 10
   Liebeskummer 11
   Ostern in der Walachei 13
   Entrückung 14
   Herbstgrüsse! 16
   Hinterhof 17
   Schöpfer Substanz 19

Fremde Welten 20
   Grenzspaziergang 21
   Heiliges Land? 22
   Indikaner 23
   Intimes Afrika 24
   Kinderkreuzzug 25
   Lieb Vaterland 26
   Tod an der demokratischen Grenze 27
   Veteran 28
   Waidmännisch 29
   Nachts im knarrenden Haus! 30

Alpha oder Omega? ... **32**
- Darwins Theorie? ... 33
- Wandelstern ... 35
- Urknall ... 36
- Majestätisches Ableben ... 38
- Herzeleid einer Ziege ... 39
- Individuum ... 40

Demut ... **42**
- Amen! ... 43
- Ecce - Homo ... 44

Schuld ... **48**
- Nagasaki Vision ... 49
- Die Schlacht! ... 50
- Hochzeit in der Ukraine ... 51
- Nicht Mutter sagen ... 53
- Viktor an der Tür ... 54
- Verunglückte Liebe ... 55
- Schuldig? ... 56
- Piratenbraut (Anno 1580) ... 57

Versprochen ist versprochen ... **59**
- 68er ... 60
- Alte Bekannte ... 61
- Nach der Wahl ... 63

Verehrt und Gutgesinnte

KULTKOLLEGEN

Herr Goethe hat den Faust geschrieben,
Sein Freund den Wilhelm Tell.
Der Eine hat es arg getrieben,
Der Andre ward Rebell.

Dazwischen lagen ihre Zeiten,
Geschichte und Gedichte.
Sie konnten beide reiten
Im Dunkeln und bei Lichte.

Den Tell, ihn schrieb mit Groll der Schiller,
Ein linker Dichter war er schon.
Sein Held beinah ein Killer,
Bezeugt von dessen eig'nem Sohn.

Beide wahre Kultkollegen –
Für Deutschland und die ganze Welt!
Ein jeder trug mit Stolz den Degen,
Der trennt und auch zusammenhält.

Dank Gutenberg blieb uns erhalten,
Jed' kostbar Wort, erlöst aus Tinte.
Geliebte Scherenschnitt' gestalten
Verehrt und ewig Gutgesinnte!

Melange

ALEXANDRA!

Es gibt Wünsche, die nur plagen.
Aus Sehnsucht wird Verzicht.
Dinge, die nicht zu ertragen,
Verlieren ihr Gesicht.

Bekommt die Liebe einen Knack,
Kann man Treue nicht mehr fühlen.
Ein Tanzschuh lebt von seinem Lack,
Der Kater schnurrt auf weichen Stühlen.

Hat die Welt ihren Humor verloren,
Wird es Zeit, zu überlegen.
Wurde der von Gott erkoren?
Und wer war da noch zugegen?

Immer sind es diese Fragen.
Schon in der Kindheit fing es an,
Als wir kichernd auf der Wiese lagen,
Noch glaubend an den Weihnachtsmann.

Nun zieren unsre Augen Ringe.
Die Liebe wagt sich kümmerlich.
Ich hab im Kopf nur krause Dinge.
Und find dich lieb – pardon – und manchmal liederlich.

LIEBESKUMMER

Liebeskummer! Herzkatheter!
Oberarzt und EKG!
Diese Schmerzen kennt doch jeder:
Verschmähte Liebe tut halt weh.

Kann es bald nicht mehr ertragen,
Immer seh' ich ihr Gesicht.
Möchte Schwester Merle fragen.
Sie hat leider keine Schicht.

Liege hier in einem Zimmer,
Fremde Leute und Gestöhne.
Doch genesen kann ich nimmer.
Auch die Aussicht keine Schöne.

Wenn doch meine Mutter käme!
Oh, mein Gott, sie ist nicht mehr.
Bleib' alleine – nur noch Häme,
Und mein Tränensack ist leer.

Morgen? Wird die Sonne scheinen!
Schwester Merle lächelt Worte.
Ich mag dieses weiße Leinen.
Lad' sie ein zu einer Torte.

Liebeskummer? Herzkatheter?
Oberarzt und EKG?
Fühl' mich leicht wie eine Feder!
Und es tut auch nichts mehr weh!

OSTERN IN DER WALACHEI

Bunte Bänder, blonde Haare –
Ostern in der Walachei.
Ach, dass Gott mich nicht bewahre
Vor dem kleinen Nackedei.

Sah sie nur im Wasser schwimmen,
Rank und schlank, sie war fast mein.
Hörte wispernd Mädchenstimmen,
Wandersmann, es trügt der Schein!

Sie spricht deine Sprache nicht,
Ist nicht blond – im Herzen kalt.
Bekommt sie ihren Willen nicht,
Läuft sie fluchend in den Wald.

Ostern in der Walachei –
Sonnenblumen, Gänsefauchen.
Hast den Wanderstab dabei,
Darfst bei Gott ihn nicht gebrauchen.

Ziehe weiter, Wandersmann,
Herzeleid ist zum Probieren.
Nur an Ostern – irgendwann,
Wird man's dir kurieren.

Entrückung

Mit Traurigkeit ist mein Gemüt erfüllt.
Erinnerung ist es, die mich quält.
Ich fühl mich von ihr eingehüllt,
Vergangenes – hat sie mir neu erzählt.

Es gab ein süßes kleines Mädchen,
Dem in der Schule ich verspielt am Zopfe zog,
Verflochten mit einem hübschen bunten Fädchen,
Das schicksalhaft und nach Belieben – geheimnisvoll an
    meinem Wesen wob.

Mal schmerzte mich der Mutter Angesicht zu später
    Stunde.
Die Bürde ihrer Sorgen ließ sie nicht klagen.
Erst jetzt erkenne ich den stillen Schrei aus ihrem Munde
Und würde gar zu gern nach dem Ungesagten fragen:

Wo ist des Vaters Grab, das in der Fremde wir nicht
    fanden?
Die Wunden, die ihn umgebracht?
Das Rascheln welkender Girlanden,
Die trauernd mich zum Mann gemacht?

Nicht zuletzt ist es das A und O der Welt, das mich
    bedrückt.
Mein Gott hat oftmals mich ermahnt.
So fühl ich mich in Bergestiefen – und entrückt.
So, als hätte ich das alles schon erahnt.

HERBSTGRÜSSE!

Ich nehme nur ein wenig Rot,
Natürlich mit begabter Hand.
Auch etwas Braun und Gold, zwei Lot,
So zieh ich durch das Land.

Bald färb' ich Flur und Wälder bunt
In süßer Abschiedsharmonie.
Ich tue meinen Namen kund
Durch heit're Farbenfantasie.

Es schwelgen in dem Farbenmeer
Ein jeder Strauch, ein jeder Baum.
Ich gebe tausend Farben her
Zum Schaun, zum Schaun!

Und wenn ich übermütig bin,
Dann rufe ich den Windgesell.
Dem halt ich die Palette hin
Und sag: Mach' schnell, mach' schnell!

So halte ich es Jahr um Jahr.
Streift buntes Laub dann deinen Fuß,
Dann ist es wohl fürwahr
Von mir, dem Herbst, ein schöner Gruß!

HINTERHOF

Ich küsste ihre Hand, Madame,
Sie nahmen es nicht krumm.
Wir wohnten damals nebenan,
Da war ich jung – wir tranken Rum.

So liebte ich platonisch ihre Locken,
Ihr billiges Parfüm.
Auf dem Balkon da hingen meine Socken.
Ich schämte mich, ein Hauch intim.

Herr Egon vom Parterre nannte alle Frauen Luder,
Nur Madame, die fand er sehr apart.
Für sie war er ein warmer Bruder –
So sah es jeder wohl auf seine Art.

Ich hatte Mühe, mein junges Leben zu begreifen.
Mutter weinte oftmals bitterlich ins leere Portemonnaie.
Vater musste wohl noch etwas reifen –
Mit der Arbeit ging's bei ihm so peu à peu.

Mein Studium war dann – in der Tat – vorwiegend autodidaktisch.
Professor Unrat brachte Kinos damals krächzend laut zum Weinen.
Die Pubertät in mir steuerte ich taktisch -
Man sollte es nicht meinen.

Gemeinheit kann sich Menschheit gratis einverleiben.
Schon die ersten Seelen haben es uns vorgemacht.
Das Hohelied beschreibt ein süßes Treiben,
Der Neid jedoch, er hat den Bruder totgemacht.

Jeder Hinterhof uff diese Welt is een Komplex.
Bei Jott: er is nich jerade fotojeen.
Und ohne eenen Sonnenstrahl – is man partout perplex.
Doch macht man beede Oogen zu, da wird een Hinterhof ooch scheen.

Schöpfer Substanz

Substanz sortierte sich auf sein Geheiß.
So hat er tatsächlich die Erde erfunden.
Wie inzwischen jeder Mensch weiß –
Aus Seiner Ewigkeit in 144 Stunden.

Er schuf auch gleich zum Anbeginn –
Belebteste Materie.
Das machte in der Tat auch Sinn,
Es gibt sie heute noch als Serie.

Die erste Kreatur bekannt als »A!« –
Vermisste eine Rippe.
Um Mitternacht war sie noch da –
Sie wurde später seine Sippe!

Heute ist sie seine Frau
Und nascht von jeher gern Kompott –
Der Herrgott weiß es sehr genau –
Sie neigt auch manchmal zum Komplott.

Wer will das wohl bestreiten?
Das »Ja und Nein – das Nein und Ja!«
Wir müssen diese Welt begleiten
Vom Kleinkind bis zum Grandpapa.

Fremde Welten

GRENZSPAZIERGANG

Sie gehen am besten noch ein paar Schritte nach Westen.
Dort lauern ein Balken und schemenhaft Gestalten.
Apokalyptische Reiter von den Besten,
Die das Unrecht verwalten.

Bei Gott! Bleiben Sie stehen,
Wenn Sie so etwas sehen!
Diese Figuren sind Posten,
Sie bewachen den Osten.

Ja, das in der Ferne ist der Westen.
Verborgen hinter blutroten Fahnen,
Versteckt hinter Resten
Kann man ihn ahnen.

Aber jetzt sag ich: Halt!
Sonst knallt ein Schuss.
Der macht Sie kalt.
Kein Gruß! Kein Kuss!!

Heiliges Land?

Ein Land kann niemals heilig sein.
Mit einem Schlachtfeld ungleicher Kriege,
In dem eine Kinderfaust mit kantigem Stein
Einem Panzer verwehrt seine Siege.

Wenn ein Mann, modern gerüstet, einen Mord fokussiert,
In diesem heiligen Lande?
Wo sich im Brennpunkt ein Krieg produziert,
Wird jedes Land zur Schande!

Es wird gekämpft für Götter und Propheten!
Sie schreien ihren Namen
Und wollen fremdes Land betreten,
Mit sieggewohnten Fahnen.

Götternamen nennt man oft tabu!
Man wagt sie ängstlich nicht zu nennen.
Man schwärmt von einem Rendezvous
Und lernt sie doch nicht kennen.

Habt darum acht auf eure Gene,
Sie könnten wunderlich mutieren.
Irgendwann – vielleicht ein Viertel nach Zehne –
Wird ein Gott die Geduld verlieren.

INDIKANER

Sind Indianer Amerikaner?
Oder sind alle Amerikaner Indianer?
Wer hat zuerst wem den Garaus gemacht?
Weiß man, wer wen zuerst in die Staaten gebracht?

Haben die Yankees das Tipi erfunden, aus Bäumen das
    Kanu?
Ertüftelten die Indianer das Feuerwasser, den Colt?
Auf welcher Seite stand Manitu?
Und wem war damals Christus hold?

War der Floh im Ohr von Kolumbus ein Tipp des
    Aristoteles,
Der ihn nach Westen hetzte?
Man tat vor Ort Verbotenes –
Bis man es petzte!

Ein Lacher für Kolumbus, der aus Versehen USA
    entdeckte!
Ein Pfui für die Annexion, die noch besteht!
Noch ein Lacher, dass er es nicht checkte,
Und ein Pups auf die verkorkste Parität.

Intimes Afrika

Ein Nashorn stand in einem Wasserloch.
Es wünschte sich ein Weib.
Es wünschte sich es noch und noch
Plus einem Unterleib!

Doch plötzlich kitzelte sein Horn,
Es musste furchtbar niesen.
Man hörte es bis Paderborn,
Man sagt, sogar bis Gießen.

Ein Weibchen hörte wohl sein Prusten
Und fühlte sich erregt.
Ein Vogel Strauß sah, wie sie schmusten,
Und hat spontan ein krummes Ei gelegt!

KINDERKREUZZUG

El Papa rief zum Kreuzeszug,
Es kamen viele Ritterlein.
Sie ahnten weder Mord noch Trug,
Es galt, ein kleiner Christ zu sein.

Ihr Rüstzeug war nach Maß gemacht,
Samt Doppelschwert und Lanze.
Sie weinten später jede Nacht:
Mama, warum das Ganze?

Das heilige Land galt's zu beschaun,
Die Heiden zu vertreiben.
Doch wurde man dann arg verhaun,
Es ließ sich nicht vermeiden.

El Papa hat es nicht gesehn,
Er saß geschmückt im Lateran.
Der jüngste Ritter – um die Zehn –,
Er kam aus Marburg an der Lahn.

Er war ein hübscher, blonder Page,
Fast feminin auch, knabenhaft.
Das bringt Nomaden leicht in Rage,
Verflucht sei ihre Manneskraft!

Lieb Vaterland

Ein Soldat ist Patriot,
Das lässt sich Vater Staat beeiden.
Später, in Gewissensnot,
Ist der Sohn nicht zu beneiden.

Fängt Väterchen gar Kriege an,
Sollen Söhne siegen.
Den Müttern bleibt ein toter Mann.
Den lässt man einfach liegen.

Irgendwann ist der Staat nicht mehr Vater.
Er leugnet seine Saat.
Und sein ganzes Theater –
In der Tat, in der Tat!

Zurück bleiben zerfetzt Girlanden.
Kriege kann kein Gott vermeiden.
Und sind die Söhne endlich auferstanden,
Wird man sie wieder vereiden.

TOD AN DER DEMOKRATISCHEN GRENZE

Sag mir nicht, Bruder, wes Nation du bist.
Ich werd' es erraten – ohne Mühe.
Sei still, Bruder, derweil du in deinem Blute liegst,
Zwischen Riesa und Kassel in der Frühe.

Kreischend und brüllend fuhr dir Metall ins Gebein,
Listig verborgen unter Mondlicht und Ackerkrume
Von jungen Kriegern mit greisen Ideen und Herzen von Stein,
Zwischen Riesa und Kassel, der Schande zum Ruhme.

Sag mir nicht, Bruder, wes Nation du bist.
Machst mich weinen vor deinem Leide.
Jetzt, wo der Mond auf deinem Antlitz verloschen ist,
Zwischen Riesa und Kassel verbindest du beide.

Sagtest mir nicht, Bruder, wes Nation du bist.
Wusstest wie ich, es ist leicht zu ersinnen.
Weil es die Grenze zwischen Riesa und Kassel ist,
Wo gar der Tod sich müht, zu entrinnen.

Veteran

Es hallt ein Schuss!
Das Auge bricht,
Das andere war im Krieg erloschen.
Diesmal vor dem Amtsgericht?
Es ging um ein paar Groschen!

WAIDMÄNNISCH

Die Sonne ist dabei, den Horizont zu erklimmen.
Erste Strahlen brechen sich in Farn und Tau.
Es erwachen zögernd melodische Stimmen.
Die Lüfte sympathisch und lau.

Ein Jägersmann streift durchs Revier,
Mit blankgeputztem Stutzen.
Vom Dorfe schlägt die Glocke vier.
Er will die Stunde nutzen.

Des Schützen Wunsch betrifft ein Reh,
Die Augen voller Samt und Süße.
Ruhend liegt es noch im Klee,
Es knallt ein Schuss. Des Waidmanns Grüße!

Fast friedlich ist ein Teil der Welt geartet.
Sie liebt, sie hasst und ist gescheit.
Der Rest? Er giert – er wartet,
Verbraucht... einen Wimpernschlag der Ewigkeit.

Nachts im knarrenden Haus!

Es war die Maus, die dem Kater die Ruhe raubte
Um Mitternacht in einem knarrenden Haus.
Indem sie – husch-husch! – vom Nachtmahl übrig
Krümel klaubte.
Nach ihrer Erfahrung gehen Kater nachts aus.

Ihre Mäusemeinung kann einen Kater kaum kratzen.
Mäuse? Er hält mehr von knuddeligen Katzen.
Aber das! So ein Nagen und Huschen hält man nicht aus!
In diesem alten Haus herrscht der Kater – mitnichten die
   Maus.

Erbost öffnet er spaltweise ein Auge. Oh Graus!
Von der Maus aus gesehen gelb und eiskalt.
Doch sie sortierte voller List den krümeligen Schmaus.
Wissend, er nimmt Maß, per Auge mit Spalt.

Ein Krümel, so köstlich aus Marzipan mit Guss.
Nach Meinung der Maus kaum zu beschreiben.
Der Kater jedoch kam zu dem Schluss:
Jetzt mach' ich ein End' dem mäusischen Treiben.

Tückisch fuhr er eine Kralle aus,
Die beste seines Aufgebotes!
Was gilt Geschmack und Meinung einer Maus?
Für so ein Theater ist sie des Todes.

Der böse Kater war der Maus bekannt!
Sein schlechter Ruf – er roch immer nach Katzen und so!
Ihr Geheimnis war ein Loch in der Wand.
Und der Herr Don Juan weiß bis heute nicht, wo.

Alpha oder Omega?

Darwins Theorie?

Es ist kein unbekannter Streit:
Herr Darwin kontra Pfaffen.
Bekanntlich trat er die Erkenntnis breit:
Es trennt den Menschen nichts vom Affen.

Der Urknall schien für ihn ein Kracher,
Um Chaos zu kreieren.
Ein Forscher fühlt sich oft als Macher,
Nicht immer kann man gratulieren.

Denn eigen ist den Säugern auf Erden
Die prägende Spezifität.
Es gab sie lang vor den stampfenden Herden
Und Darwins Eventualität.

Als Gott geschöpft auf seine Art,
Gab's Teufel und Agenten.
So kam es dann auch in der Tat
Zu einem Konkurrenten.

Der Himmel war zu dieser Zeit,
Sehr tief und wurde tiefer.
Die Engel hatten sich entzweit.
Es lästerte Luzifer.

Er, der manches flugs kopierte,
Nun wollte er erschaffen!
Als ihn ein Gen dann irritierte,
Gelangen ihm nur Affen.

Herr Darwin liegt in seiner Gruft,
Unverändert seine Position.
Es lag schon immer in der Luft!
`Ne Theorie? Was ist das schon!

WANDELSTERN

Die Erde war vom Schöpfen noch frisch!
Sechs Tage hat es genommen.
Es roch weder nach Hammel, noch roch es nach Fisch.
Die Zukunft hatte grade begonnen.

Erschöpft ruhte der Geist über den Wogen.
Am Sonntag protokollierte er selbst die Genesis,
Bis sich die schwefeligen Wolken verzogen.
Sie ist rund, schluchzte ein Engel, ich seh dies.

Der kugelige Wandelstern, er war geboren,
Schwebend, bläulich schimmernd in frischester Luft.
Von Gott vielleicht als Mitte erkoren
Umgab ihn bald ein irdischer Duft.

Sterne gibt es Milliarden,
System ergänzt System!
Verhalten glitzern irgendwo Plejaden.
Irgendwann lag eine Jungfrau in den Wehen.

URKNALL

War der Urknall ein fatales Geschehn?
Gibt es einen Beweis für ein solches Getöse?
Akustisch, vielleicht lautlos, kaum was zu sehn.
Gebar ihn das Gute – oder erbrach ihn das Böse?

Verbirgt sich das A und O hinter diesem Moment?
Als die Zeit entstand aus Ewigkeit?
Die alles verbindet – oder auch trennt?
Trug einer dabei ein Purpurkleid?

Die Hellenen beschrieben irgendwann den Zorn ihrer
    Götter,
Deren Streit mit heldischen Söhnen, mystisch gestylt.
In Rom grinsten hin und wieder die Spötter,
In Delphi übte man die Zweideutigkeit.

Es wurde gekämpft und das goldene Vlies gehisst.
Es formierten sich zögerlich Denker.
Jungfräulich geboren präsentierte sich ein Monotheist,
Verwies auf einen alleinigen, prädestinierten Lenker.

Die Menschen aber bitten von jeher die himmlische Macht:
Schick mehr Beweise und nicht nur Geduld.
Durch dich, Gott, wurde die Liebe in den Menschen entfacht,
Vergib ihnen unbürokratisch die paradiesische Schuld!?

MAJESTÄTISCHES ABLEBEN

Da lag der König ganz ohne Kleider.
Es muffelte Geruch!
Schaudernd sahen auch die Neider:
Ein Thron sogar sein Hodenbruch.

Als Herrscher und als Mensch kein Guter.
Tausendjährige Familie!
Die meisten Männer Bluter,
Genannt auch Hämophilie.

Nun war das Lebenslicht erstorben,
Der letzte Schritt fürwahr getan.
Sein Diener weinte. Auch ein paar Sorben –
Bis zuletzt noch Untertan.

Wo ist sie hin, des Königs Charge?
So ohne Zeug und wenig Lack!
Himmel oder Hölle, was ist die Marge?
Zwischen Adel und dem Pack?

Nun hottehü!, ihr braven Rösser,
Trabt traurig vor dem Volk zur Gruft.
Die Erben zieht's zu Geld und Schlösser,
Respektlos dampft der Rappenäpfel Duft.

Herzeleid einer Ziege

Es hing an einer Linde
Ein ziemlich junger Mann.
Geritzt in Baumes Rinde
Eine Liebe hier begann.

Ein Stück von einem Stricke,
Hielt er in seiner Hand.
Im Grase eine Zicke,
Die ihn wohl nicht verstand.

Die Mutter ging zum Diakon
Und bat um Grab und Glocken.
Der griff zum Telefon,
Und ließ die Zicke pflocken.

Die Mutter ging zum Baume,
Dann hing sie an der Strippe.
Im Wipfel ein Geraune –
Die Ziege zog 'ne Schippe.

INDIVIDUUM

Ein Sklave, von Geburt her arm,
Kein Eigenwert, kein Fett – sein Herzschlag bettelt Blut.
Gefragt war nur die Kraft im Arm,
Und dass sein Body alles tut.
    Dideldei, dideldum

Die Götter fanden das okay,
Schon vor den Römern und den Griechen.
Die Peitsche tat nur manchmal weh.
Gebranntes Fleisch, das kann man riechen.
    Dideldei, dideldum

Die Macht liegt immer physisch auf der Lauer.
Das Geld herrscht mathematisch.
Schläge machen Menschen selten schlauer.
Ein Kreis wird dadurch nicht quadratisch.
    Dideldei, dideldum

So stellten Sklaven niemals Fragen.
Sie bauten wortlos Pyramiden.
Ihr Stöhnen war ihr Klagen.
Danach sind sie verschieden.
    Dideldei, dideldum

Innerlich beglückt war nur der Orientale.
Sein Sklave war sein Eigentum,
Als Zugewinn das Genitale.
So morgenländisch – opportun!
         Dideldum

Die Zeit verschlang sie alle.
Tot sind auch die Pharaonen.
Die ganze Welt als Leichenhalle –
Erwarte noch Millionen ...ionen ...ionen ...
         Dideldei, dideldum

Demut

Amen!

Im Schoße der Mutter Erde aller Nationen
fühlt sich das Brot geborgen in jedem Korn.
Im Duft wogender Halme,
Gestreichelt von würzigen Winden,
Behütet von Tages und Nachtgestirn,
Verabscheut Saat und Frucht,
Mit Fug und Recht – des Schöpfers –
Das Unheil jedweder Gewalt!
Gesät, gehegt, geerntet mit schweißiger Stirn
Bergen rissige Fäuste die göttlichen Gaben.
Voller Demut erkennt der Mensch auch im Brot – den
    Geist Gottes!

Ecce - Homo

Aus Erde wurdest du mit Sorgfalt modelliert.
Kamst ohne Laut auf diese Welt.
Von deinem Schöpfer zärtlich etabliert
Auf einem frisch betauten Feld.

Wurdest liebevoll beatmet –
Es heißt sogar, von Mund zu Mund!
Ebenbildlich gar fein geartet
Tat Gott dir seine Schöpfung kund.

Ergriffen erschauerte das Paradies.
Der erste Mensch, so wohl gelungen.
Ein Engel, der den Himmel pries,
Hat glockenhell gesungen.

Vertrauensvoll hat Gott die Erde übergeben,
Gesegnet ihre Fruchtbarkeit.
Dazu die Kraft – die Macht – das Streben –
Als Lehngut seine Ewigkeit.

Er wollte diese Welt beglücken
Und sorgte für die Zweisamkeit.
Das Hohelied verhieß Entzücken
Mit einem Weib voll mütterlicher Lieblichkeit.

Ein Gebot der Schöpfung mahnte Gott gar strikt zu achten:
»Esset niemals von dem Baume der Erkenntnis in des Gartens Mitte!
Jedes unbedachte Wissen wird euch nach dem Leben trachten,
Drum hütet eure Taten – eure Schritte.«

Von jeher kämpfen Himmelsmächte, das Gute und das Böse zu vergleichen.
Gott schöpfte diese Erde aus dem Urstoff des Entstehens.
Im Verborgenen setzen geheimnisvolle Größen und Gewalten ihre Zeichen,
Kraft ihres Geistes versuchen sie das Machtgefüge des Systems.

Magie und Eloquenz schwächten oft des Schöpfers gut gemeinte Saat.
Mit bösem Widersinn der Geisterwelt, schon vor der ersten Nacht?
Lauerten Unrecht oder gar Verrat
Mit trügerischer Pracht?

Von der irritierenden Symbolik einer Schlange
Wurde die Reinheit der Schöpfung in Eden verführt?
Wer war von so hohem Range,
Dem der Zugang zu diesem Orte gebührt?

Wurde das Menschengeschlecht kreiert,
Sogleich auch gnadenlos vertrieben,
Damit das Alpha dieser Welt sich in sein Omega verliert,
Verstrickten sich Gedanken in Intrigen?

Unstetes Leben galt es zu ertragen.
Brudermord lag in der Luft!
Von Beginn an bange Fragen –
Und ein hoffnungsloser Weg zur Gruft.

Nach verbrauchten sündhaft Zeiten
Schickte Gott die Wasserflut.
Wollte and're Menschen sich bereiten
Aus des Noahs frömmelnd Blut.

Diese Saat neu zu beleben, sandte er den eigenen Sohn.
Der verwahrte Altgedachtes sehr gediegen.
Auf dem Weg zu seinem Thron
Solle nunmehr seine Sanftmut siegen.

Zuletzt blieb nur die wirre Tat!
Häscher ohne Zahl ...
Ein Verräter auf dem Pfad ...!
Verlassen starb der Heiland-Mensch am Kreuzespfahl.

DER DRITTE TAG!

VOR ALLER WELT HAT GOTT BEWIESEN:
DER SOHN? ER WURDE NICHT ZUSCHANDEN!
ALS JUDENKÖNIG UNGEPRIESEN,
ALS JESUS CHRISTUS AUFERSTANDEN.

Schuld

NAGASAKI VISION

Ich sah an der Peripherie des Landes,
Wo sich Erde behutsam mit Wasser benetzt,
Die Urgewalt sich sehnen nach dem Chaos.

Und es stieg eine Wolke auf, von irrsinnig verlogener
    Schönheit.
Eine logische Wolke? Ihre Struktur fremd?
Aber die Wahrheit spiegelnd?

Protonen ahnte ich im Widerstreit mit Neutronen,
Lustvoll aufschreiend nach der Befreiung
Von herrischen Elektronen.
Besessen und nackt heizten sie die Wolke,
Rüttelnd an ihren Urfesseln.

Energie – Masse – Zeit (without god)
Rissen sich die Welt vom Leibe,
Zerstrahlten Schuld und Sühne, Soll und Haben,
Beschädigten das Gewissen des Herrn,
Das Chaos der Asche verfluchte die Zukunft!

Ich sah danach die Peripherie des Landes.
Ohne Erde und Wasser: In Farbe!
Fand kristallene Tränen der Menschen –
Und sah mein Ich sich schuldbewusst abwenden.

DIE SCHLACHT!

Ein König blitzte mit stahlblauen Augen und grollte!
»Was ist das für ein Leben?«
Er wusste nicht recht, was er wollte.
Es ging ihm so vieles daneben.

Ein Grenadier sah ein abgerissenes Bein,
Und er dachte: Das darf nicht sein!
Ist das meins? Oder ist es seins? Da liegt ja noch eins!
Und er flüsterte sterbend:» ... Majestät!
Alle Beine sind jetzt alleine!
Nimm sie alle, Majestät – jetzt sind es deine!«

Als sich seine Seele löste aus geschändetem Leib,
Wurde ihm seltsam heiß.
Es erschien ihm noch einmal sein dralles Weib
Und sein kleiner Sohn Theiß.

Auf dem Weg nach oben ahnte er den Rex in Schwaden.
»Malheur de Kack, Majestät, deine Schlacht war ein
    Scheiß,
Deine Armee ging baden.«
Hinter den geborstenen Flügeln einer Mühle starb eine
    Geiß.

HOCHZEIT IN DER UKRAINE

Auf seinen Arbeitsplatz war Stepanowitsch stolz.
Hier hatte man nie kalte Füße.
Er war Komsomolz,
Seine künftige Frau eine ukrainische Süße!

Der Betrieb, etwas slawisch, aus Spezialbeton 1:3.
Sowjetisch kolossal! Innen mit viel Grün und Rot,
Tief unter der Erde ein kochender Brei –
Geile Atome, ihr Orgasmus heißt Tod!

Alles ist messbar – vorausgesetzt eine Funktion.
Aber Atome sind schnell, verzichten auf Treppen.
Das Problem? Oh Sohn:
Auch anderswo soll man Unbekanntes nicht neppen!

Im April sechsundachtzig in Block 4
Schrien verstrahlte Menschen ohne Schatten.
Helft uns, Genossen! Hier unten sind wir,
Im Reiche der gebleichten Ratten!

Stepanowitsch – seine Schicht war zu Ende.
Er spürte in sich tatsächlich gewisse Gelüste.
Mit diesen Gefühlen wusch er die Hände,
Dachte an die Hochzeit und ukrainische Brüste!

Urplötzlich schmeckte er geballte Zeit,
Geschmolzene Welt gab ihm die Hand.
Er fühlte eine Halbwertszeit
Und sich mit Gott verwand.

Nicht Mutter sagen

Gib.. mir.. deine.. Hand.., Kamerad...
Mir.. ist.. plötzlich.. so.. kalt...
Und.. dieser.. Stacheldraht, ...
Er.. hat.. sich.. in.. mir.. verkrallt...

Du solltest meiner Mutter das nicht sagen.
Sie wartet doch, dass ich komm'.
Wir könnten's beide nicht ertragen...
Sag ihr, ich starb ohne Schmerzen an der Somme...

Kamerad, bist ein guter Junge.
Ich spüre die Wärme deiner Hand.
Das Geschoss in meiner zerfetzten Lunge...
Grüß es trotzdem – dieses Vaterland!

VIKTOR AN DER TÜR

Ach, sie behaupten also mein Vater zu sein!
Jetzt – wo Mutter tot ist, fällt ihnen das ein?
Ich sehe keine Blume in ihrer Hand –
Nur ihre Fahne kann ich riechen.
Ich sehe auch keine Träne in ihren Augen!
Keine Sympathie und auch keine Freude,
Nicht einmal Angst! Nichts! Nach so vielen Jahren.
Sie stellen nicht einmal Fragen. Nach ihrer Frau?
Ich meine Mutter. Meine Mutter!
Ja, Sie hatte Schmerzen als sie starb. Bis zuletzt!
      Sie war schwach.
Zuletzt hat sie nur noch gekotzt. Galle!
      Immerzu Galle!
Ganz grün. Es waren die Sorgen und der Kummer.
Ja, ich sagte grün. Trotzdem keine Hoffnung mehr!

Ob sie noch etwas gesagt hat – zum Schluss?
Man verstand sie ja kaum!
Ich glaube es war ein Name – Ja, richtig ein Name!
Ich war noch ein Dreikäsehoch! Sie verstehen?
      Aber, heißen sie vielleicht zufällig Viktor?

Verunglückte Liebe

Es liebte ein Kannibale
Des Forschers Töchterlein
Zum allerersten Male!
Danach war er allein.

Man nennt das nicht Symbiose,
Auch Mundraub war es nicht.
Die ganze Urwaldchose
Kam später vor Gericht.

Da stand der Menschenfresser,
Natürlich ohne Namen.
Er war ein starker Esser
Und mochte junge Damen.

Der Richter war im Bilde,
Von Adel! Mit Malaria!
Das Urteil gar nicht milde:
Er war auch Vegetarier.

Schuldig?

Kain erschlug Abel,
Denn der war reich.
Und zu spendabel.
Das sah man gleich.

Beim Opfern geht's um Qualität,
Man riecht es schon von Weitem.
Hier fettes Lamm, dort Nulldiät.
Das reicht doch nicht zum Streiten.

Es war noch niemals alles gleich,
Man sollte es nicht meinen.
Der eine arm, der andere reich.
Das ist bei Gott zum Greinen.

PIRATENBRAUT (ANNO 1580)

Elisabeth die Erste hatte keinen Computer,
Aber den Drake, einen pfiffigen Kaptain!
Sie wusste: Was ich denke, das tut er.
Er sagte in der Tat nie nein.

Er bekam eine schmucke Galone,
Aus dem Schatz einige Pfund.
In der Hoffnung, dass es sich lohne –
Ahoi, Kapitän! Es geht rund.

Sie meinte natürlich rund um die Welt.
Überall gibt's was zu stibitzen, mit roher Gewalt!
Was es auch sei, irgendwann wird es Geld.
Bis bald, Kaptain Drake, bis bald.

Er kniete vor ihr wie ein artiges Kind,
An Bord eine Horde bärtiger Geier.
Majestät, ich bete für Beute, du für viel Wind,
Dafür bekommst du von mir ein Empire!

Nun auf, Sir Drake, mit Gott für die Krone!
Klau, wo du kannst, sei ein guter Pirat.
Vergiss aber nicht, wo ich wohne,
Denn eins hab ich immer: den Galgen parat.

Sein Wort hat er wörtlich gehalten.
Er mauste nicht nur Zucker und Zimt.
Es galt, die Welt zu verwalten.
Möglichst britisch. Man bleibt stark, wenn man nimmt!

Versprochen ist versprochen

68ER

Es trafen sich am Abend alle Pickelgesichter mit rotem
 Gebaren
Auf dem ehrwürdigen Platze der Republik.
Alle Macht den Flegeljahren!
Kämpft für den pickligen, rötlichen Sieg!

Fordert euren Anteil an politischen Szenen!
Und besonders ein nimmerleeres Portemonnaie!
Zeigt es denen und zeigt es jenen.
Das alte Berlin ist sowieso schon passé.

Die Bürger mit glattem Teint zu erschrecken,
Marschiert zum Rathaus – okay?
Blockiert die stark frequentierten Strecken –
Euer dialektischer Kampfruf heißt »Nee!«

Was den Hübschen recht, ist den Hässlichen billig,
Die Regierung ist Gott sei Dank statisch.
Die Masse manipulierbar und willig,
Der Rest wie immer apathisch.

Habt ihr Kinder die Pubertät überwunden,
Die Gesichter geläutert – und eben
Sind die meisten Fisimatenten verschwunden.
Und der Himmel? Er ist noch dabei, zu vergeben!

ALTE BEKANNTE

Ach, guten Morgen, Herr Minister!
Ja, wir haben Sie einst gewählt.
Meine Anne sagte eben: »Det ist er.«
Ob der uns was erzählt?

Gut sieht er aus – nicht abgehetzt
Wie damals in dem alten VW.
Er hat aufs richtige Pferd gesetzt!
Man sieht ihn oft mit der Hautevolee!

Wir nicht, Herr Minister!
Für uns ist alles so geblieben.
Meine Anne sagt eben wieder: »Det ist er!«
Und hat sich die Nase gerieben.

Sie stieß mich noch sachte mit dem Arm
Und flüsterte mit trockenem Mund:
»Det war mal unser politischer Schwarm.
In Wahrheit een krummer Hund!«

Seine Parolen entfachten pubertäre Gelüste,
Gemischt mit schwarmgeistigen Wehen.
Den Frauen stieg es warm in die Brüste,
Sie glaubten tatsächlich an den!

Bye, bye, doswidanie – mach's jut, Herr Minister!
Audi und Mercedes machen tut-tut.
Anne sagte noch mal:»Det ist er!
Wenn de den piekst, kommt och nur Blut!«

NACH DER WAHL

Nun ist er vorüber, der Tag zur Wahl.
Es bemühte sich so manche Partei.
Man traf sich danach noch beim Bier im Lokal,
Etwas Spott für den Gegner – vorbei, vorbei.

Der Wandel tut gut und ist bald vergessen.
Neue Möbel ins alte Büro.
Die alten dienstlich zersessen
Von einem einst gewählten Popo!

Noch klingt es in den Ohren,
Wie die Genossen vom Leder gezogen,
Gewählt, gezählt und erkoren –
Natürlich auch manches gelogen.

Ansonsten: Noch mal geschafft!
Jahre sind keine Kleinigkeit.
Fast wie geschmort im eigenen Saft
Und vergessen von der Öffentlichkeit.

Doch Gott sei Dank stimmt nun wieder die Kasse!
Es lebe die Politik und alle Probanden,
Nebenan riecht schon Kaffee in der Tasse,
Die Liebe zur Klasse ist wieder vorhanden.